Apprendre le portugais
Texte parallèle
Collection drôle histoire
Français - Portugais

www.polyglotplanet.ink

Apprendre le portugais avec **Textes Parallèles** est le moyen le plus gratifiant et le plus efficace d'apprendre une langue. Vous révisez le vocabulaire que vous connaissez déjà et mettez immédiatement en pratique les nouveaux mots que vous apprenez. La grammaire portugaise est aisément assimilée grâce à des textes écrits intelligemment et bien formatés.

+ Pas besoin de chercher la signification des nouveaux mots dans un dictionnaire
+ Le vocabulaire connu est immédiatement mis en pratique dans des phrases et des textes faciles à retenir
+ Pas besoin de logiciel supplémentaire
+ L'apprentissage de la grammaire se fait de manière passive
+ Une méthode moderne, pédagogique et divertissante

Recommandé pour les débutants en portugais ou les personnes ayant un niveau intermédiaire ou recherchant un cours de remise à niveau. Bien que nous estimions que n'importe qui, quel que soit son niveau, puisse travailler avec notre méthode, nous recommandons toutefois un niveau de base de compréhension de du portugais pour obtenir un maximum de résultats avec un maximum de plaisir.

Nos nouvelles font référence à la culture et à des personnages européens. Les histoires ont été écrites de manière à capter l'attention du lecteur et sont agréables à lire. Vous serez ainsi plus motivé pour apprendre.

Table Des Matières

TEXTES PARALLÈLES

Uma aventura na Tomatina
Une aventure à La Tomatina

Me chamo Sean e tenho 21 anos.
Je m'appelle Sean et j'ai 21 ans.

Sou de Nova York, mas moro em Barcelona, Espanha, há seis meses.
Je viens de New York, mais je vis depuis six mois à Barcelone, en Espagne.

Estou estudando Literatura Castelhana e tenho muita sorte de poder aproveitar desta experiência na Espanha.
J'étudie la littérature espagnole et j'ai la chance de pouvoir vivre cette expérience en Espagne.

Mas, as vezes... acontecem coisas loucas e engraçadas, como essa que eu vou explicar para vocês hoje.
Mais parfois... des choses drôles et folles se passent, comme celle que je vais vous raconter aujourd'hui.

Cheguei na Espanha em março, e fui morar com alguns rapazes e moças bastante simpáticos, compartilhando com eles um belo apartamento no centro da cidade.
Je suis arrivé en Espagne au mois de mars et depuis, je vis avec des garçons et des filles sympas, partageant avec eux un magnifique appartement au centre-ville.

É um prazer poder morar no centro de uma cidade tão bonita.
C'est génial de pouvoir vivre au centre d'une ville aussi belle.

Tudo está muito perto, inclusive a Universidade. Na casa moramos quatro companheiros de quarto.
Tout est très proche, même l'Université. Nous sommes quatre colocataires.

A Sara é de Sevilla e tem vinte e seis anos, e estuda arquitetura.
Sara vient de Séville, elle a vingt-six ans et étudie l'architecture.

O José é de Barcelona, tem vinte anos, estuda engenharia e é um apaixonado pelo futebol.
José est de Barcelone, il a vingt ans, étudie l'ingénierie et se passionne pour le football.

Por último está a Andrea, uma moça do Sul da França.
Et enfin Andrea, une fille du sud de la France.

Os seus pais são espanhóis, ela estuda publicidade e também é bailarina de flamenco.
Ses parents sont espagnols, elle étudie le marketing et danse également le flamenco.

Vocês não acham que eles são incríveis? Nós nos damos muito bem e a convivência com eles é muito fácil.
Ne pensez-vous pas qu'ils sont incroyables? Nous nous entendons tous bien et vivre avec eux est facile.

Conhecem Barcelona? É uma das maiores cidades da Espanha e está localizada no Nordeste do país.
Connaissez-vous Barcelone? C'est l'une des plus grandes villes d'Espagne, située dans la partie nord du pays.

É uma cidade junto ao mar,portanto tem o melhor de uma cidade grande (discotecas, grandes universidades, lojas para fazer compras, restaurantes, museus), mas também tem o melhor de estar perto da praia na Espanha (bom tempo, o mar, centenas de praias maravilhosas...).
C'est une ville au bord de la mer, elle a donc tous les avantages d'une grande ville (discothèques, grandes universités, magasins, restaurants, musées), mais également les avantages d'une ville espagnole proche de la mer (beau temps, la mer, des centaines de merveilleuses plages).

Além disso, Barcelona está cercada por montanhas por todos os lados e está muito perto dos Pirineus, as montanhas mais altas da Espanha, onde se pode esquiar durante todo o inverno e parte da primavera.
Barcelone est également entourée de montagnes tout autour d'elle et elle très proche des Pyrénées, les montagnes les plus hautes d'Espagne, où vous pouvez skier tout l'hiver et une partie du printemps.

É um lugar para ficar, vocês não acham?
Ne pensez-vous pas que c'est un endroit où il fait bon vivre?

A primavera passou rapidamente em Barcelona.
Le printemps a passé très vite à Barcelone.

Eu estava muito ocupado estudando e pelas tardes eu jogava futebol com o José e a sua equipe.
J'étais très occupé à étudier et je jouais au football tous les soirs avec José et son équipe.

Na Espanha, o curso termina no mês de junho.
En Espagne, le semestre finit en juin.

Aprovei em todas as matérias com notas muito boas.
J'ai passé toutes mes matières avec de très bonnes notes.

Agora, eu tinha o verão inteiro pela frente, cheio de planos, ao lado da praia, e com muitos amigos para me divertir.
Maintenant, j'ai tout l'été devant moi, plein de projets, proche de la mer et beaucoup d'amis avec lesquels m'amuser.

Além disso, na Espanha, durante o verão, em todos os povoado têm festas tradicionais e populares das quais sempre ouvi falar, mas muitas delas eram muito estranhas para mim e eu não entendia muito bem.
De plus, durant l'été en Espagne, j'ai entendu dire qu'il y a plein de fêtes traditionnelles et populaires dans chaque village, mais la plupart me paraissaient bizarres et je ne le comprenais pas bien.

Meu amigo José me chamou um dia em julho e me convidou para ir a uma festa em um povoado em Valência que ia ser celebrada em Agosto.
Mon ami José m'a appelé un jour en juin et m'a invité à une fête à Valence qui se tenait en août.

Ele disse que certamente, era a maior festa que eu

podia haver estado na minha vida e que eu não podia perdê-la.
Il m'a dit que ce serait la plus grande fête à laquelle j'ai participé dans ma vie et que je ne devais pas la louper.

Eu lhe perguntei: Por que essa festa é tão espetacular?
Et je lui ai demandé: pourquoi cette fête est-elle aussi spectaculaire?

E ele... não me disse uma palavra! Disse que queria que fosse uma surpresa para mim, e que somente ia dizer o nome da festa.
Et... il ne m'a rien dit! Juste que c'était une surprise et qu'il me dirait seulement le nom de la fête.

A festa se chamava... a tomatina.
La fête s'appelait... la Tomatina.

É claro que, hoje em dia existem muitos sites e lugares onde eu poderia procurar por informações sobre a misteriosa "tomatina", mas meu amigo me fez prometer que eu não iria procurar nada.
Bien sûr, de nos jours il y a des nombreux sites internet et endroits où je peux recevoir des informations sur la mystérieuse "Tomatina", mais mon ami m'a fait promettre de ne pas faire de recherche.

José comprou dois billetes de ônibus e trouxe-os para casa.
José a acheté deux billets de bus et les a amenés à la maison.

Assim, eu fiquei sabendo que o povoado aonde

10

estávamos indo para ir à festa chamava-se "Buñol".
C'est comme ça que j'ai appris que le village qui
organisait la fête s'appelait Buñol.

Finalmente eu sabia algo mais sobre a festa de verão
misteriosa à qual eu estava indo!
Je savais enfin quelque chose sur cette mystérieuse
fête d'été à laquelle j'allais assister.

Buñol era, no entanto, um pequeno povoado no meio
da província de Valência.
Mais Buñol était un tout petit village au centre de la
région de Valence.

Que tipo de "grande" festa poderia ter lugar em um
lugar tão pequeno? O mistério continuava.
Quel genre de "grande" fête pouvait se dérouler dans
un si petit endroit? Le mystère continuait.

Uma semana antes da festa, a minha companheira
de quarto, Sara, me explicou o que significava
"tomatina".
Une semaine avant la fête, Sara, ma colocataire, m'a
expliqué ce que "Tomatina" signifie.

"Tomatina" era algo assim como tomate pequeno.
Sobre o que era a festa então?
 "Tomatina" est comme une sorte de petite tomate.
Quel genre de fête était-ce donc?

Uma festa em que estão procurando pelo tomate
mais pequeño do mundo? Que confusão!
Une fête pour trouver la plus petite tomate du
monde? Quel chenil!

Como vocês podem imaginar, naquele momento eu

estava ansioso pela festa, mas ao mesmo tempo eu pensei... aonde diabos eu estou indo?
Comme vous l'imaginez, à ce moment-là je voulais fêter, mais en même temps je pensais... Où diable est-ce que je vais?

No dia da "Tomatina", acordamos muito cedo... às 3 horas da manhã!
Le jour de la "Tomatina" nous nous sommes levés tôt... à trois heures du matin!

Tomamos o café da manhã rapidamente e corremos para a estação de ônibus.
Nous avons rapidement pris un petit-déjeuner et nous nous sommes pressés vers la station du bus.

Havia um monte de jovens estudantes como nós, centenas e centenas, esperando pelos ônibus para Buñol.
Il y avait beaucoup de jeunes étudiants comme nous, des centaines et des centaines, attendant les bus pour Buñol.

Sentamo-nos esperando pelo nosso ônibus e eu pude falar com uma moça da França.
Nous nous sommes assis pour attendre notre bus et j'ai pu parler avec une fille française.

Se chamava Anne e contou-me que a Tomatina foi a melhor festa que ela já tinha ido na sua vida.
Elle s'appelait Anne et m'a dit que la Tomatina était la meilleure fête qu'elle ait vécue dans sa vie.

E que este era o terceiro ano consecutivo em que ela viajava a Buñol para estar ali para a Tomatina!

Et cette année… était la troisième d'affilée qu'elle voyageait jusqu'à Buñol pour assister à la Tomatina!

Eu estive conversando com Anne durante algum tempo.
J'ai parlé un long moment avec Anne.

Ela não falava espanhol e o seu Inglés era muito estranho - ela tinha um sotaque francês engraçado quando falava em Inglés - mas era muito simpática.
Elle ne parlait pas espagnol et son anglais était bizarre – elle avait un drôle d'accent français en parlant anglais – mais elle était très sympa.

E ela era uma belíssima loira, com a pele muito clara e os olhos verdes.
Et elle était une magnifique blonde, avec une peau très blanche et des yeux verts.

No entanto, tivemos que parar de falar, porque o seu ônibus era o número quinze e meu era o número oito.
Nous avons dû cependant arrêter de discuter car son bus était le numéro quinze et le mien le numéro huit.

Que pena! Vocês não acham?
Dommage, pas vrai?

O ônibus já era uma grande festa. Estava cheio de jovens que queriam se divertir.
Le bus en lui-même était déjà une grande fête. Il était plein de jeunes gens qui voulaient fêter.

Todo mundo estava cantando canções (em espanhol, eu não entendia muito, eram muito difíceis) e bebendo sangria para evitar o calor que fazia naquele

13

dia.

Tout le monde chantait des chansons (en espagnol, je n'ai pas très bien compris, elles étaient difficiles) et buvait de la sangria pour lutter contre la chaleur du jour.

Mas a viagem... era tão longa! Necessitamos mais de cinco horas para chegar à famosa Tomatina!
Mais le voyage a été si long! Nous avons eu besoin de plus de 5 heures pour arriver à la fameuse Tomatina!

Por fim, chegamos a Buñol.
Enfin, nous sommes arrivés à Buñol.

Havia milhares de pessoas! Todo mundo estava muito feliz e muitos deles usavam óculos de mergulho, roupas de banho, shorts, sandálias, toucas impermeáveis...
Il y avait des milliers de personnes! Chacun était très joyeux et beaucoup portaient des masques de plongée, des costumes de bain, des sandales, des chapeaux imperméables...

E para que eram todas estas coisas?
A quoi servaient ces choses?

Pouco a pouco, nós caminhamos até chegarmos ao centro do povoado, ele estava cheio de pessoas.
Petit à petit, nous avons marché jusqu'à atteindre le centre du village. Il était quasiment rempli de gens.

De repente, começou a tocar uma música, e as pessoas dançavam por toda parte.
Soudainement, la musique a commencé et les gens tout autour de nous ont dansé.

14

Isso era a Tomatina?
Etait-ce la Tomatina?

Não parecia tão espetacular para mim...
Cela ne me semblait pas si spectaculaire...

Eu percebi que a música vinha de enormes
caminhões.
J'ai réalisé que la musique provenait de grands
camions.

Nesses enormes caminhões haviam pessoas, que
atiravam algo para aqueles que estavam na rua.
Sur ces grands camions, des personnes lançaient
des choses sur les gens dans la rue.

O que era?
Qu'est-ce que c'était?

Era algo vermelho e redondo... parecia como... eram
tomates!
Qu'est-ce que c'était? Quelque chose de rouge et
rond... cela paraissait être... des tomates!

Nesse momento, comecei a rir muito. Meu amigo
José me disse, o que você acha?
A ce moment, j'ai commencé à beaucoup rire. Mon
ami José m'a dit: alors, qu'en penses-tu?

Eu não podia estar mais contente!
Je ne pouvais pas être plus heureux!

Aquilo era uma loucura, imaginem isso: Milhares de
pessoas rindo, pulando, dançando e jogando tomates
um no outro!

C'était complètement fou, imaginez: des milliers de personnes qui riaient, sautaient, dansaient et se lançaient des tomates les uns sur les autres!

Pouco a pouco, tudo ficou vermelho e todo mundo estava se divertindo muito.
Petit à petit, tout est devenu rouge et tout le monde s'amusait beaucoup.

A Tomatina começou cedo e durou toda a manhã!
La Tomatina a commencé très tôt et a duré toute la matinée!

No final, eu estava cheio de tomates de cima abaixo, estava vermelho como seu eu fosse um tomate.
A la fin, j'étais couvert de tomates de la tête aux pieds, j'étais rouge comme si j'étais moi-même une tomate!

Mesmo que vocês não acreditem nisso, é absolutamente verdade.
Même si vous ne le croyez pas, c'est vrai.

Vocês sabem o que era o melhor de tudo? Quando tudo termina, as pessoas continuam nas ruas, a música não para e a festa continua.
Savez-vous le meilleur? Quand tout était terminé, les personnes sont restées dans les rues, la musique ne s'est pas arrêtée et la fête a continué!

Por isso, ficamos lá o dia inteiro, comemos um prato típico de Valência, a paella, e bebemos uma bebida típica, a sangria.
C'est pourquoi nous sommes restés là toute la journée, nous avons mangé un plat typique de

16

Valence, la paella, et nous avons bu une boisson typique, la sangria.

Logo depois do almoço decidimos ir dar um passeio pelo povoado.
Après le déjeuner, nous avons décidé de nous balader dans le village.

Quando chegamos à praça principal chegou a última surpresa do dia... Anne estava lá!
Lorsque nous sommes arrivés sur la place centrale, la dernière surprise de la journée est arrivée... Anne était là!

Nos aproximamos e ela nos apresentou à suas amigas.
Nous nous sommes approchés d'elle et elle nous a présentés à ses amis.

Nesse momento, o baile da festa começou, e todos dançamos juntos e continuamos conversando.
A ce moment, la danse de la fête a commencé et nous avons tous dansé ensemble en continuant à discuter.

Nós nos divertimos muito, e creio que aquele foi o início de uma grande amizade...
Nous nous sommes beaucoup amusés et je pense que c'était le début d'une belle amitié...

Agora Anne e eu vamos a todas as festas e creio que muito em breve vou pedir a ela para irmos juntos ao cinema.
Désormais, Anne et moi allons ensemble à chaque fête et je pense que je vais bientôt l'inviter à aller au cinéma...

Se tudo sair bem, a Tomatina a partir de agora será algo mais do que uma grande festa, será um lugar onde você também pode encontrar o amor.
Si tout va bien, la Tomatina sera désormais plus qu'une grande fête, ce sera un endroit où trouver l'amour.

Quem sabe?
Qui sait?

Cinemas em todo o mundo
Cinémas dans le monde

Já alguma vez esteve no cinema num local longe de casa?
Êtes-vous déjà allés au cinéma loin de votre maison?

Não, outra cidade não é suficientemente longe.
Non, une autre ville n'est pas assez éloignée.

Quero dizer longe, longe, longe de casa: muitos milhares de quilómetros de distância.
Je veux dire loin, très loin de votre maison: quelques milliers de kilomètres plus loin.

Ir ao cinema em outro país é uma experiência única.
Aller au cinéma dans un autre pays est une expérience unique.

Especialmente para os fãs de celuloide, como eu...
Spécialement pour des fans de celluloïd comme moi...

Oh, peço perdão!
Oh, pardon!

Ainda não me apresentei:
Je ne me suis pas encore présenté;

O meu nome é Antonio e tenho trinta anos.
Mon nom est Antonio et j'ai trente ans.

19

Sou crítico profissional de cinema e escrevo para jornais, revistas e, de vez em quando, para um blog.
Je suis critique professionnel de films et j'écris pour des journaux, des magazines et, de temps en temps, pour un blog.

O cinema é a minha paixão desde que eu tinha quinze anos e vi uma verdadeira obra-prima: "Guerra das Estrelas: Episódio IV".
Le cinéma est ma passion depuis que j'ai vu, à quinze ans, un vrai chef-d'œuvre: "Star Wars: Episode IV"

Vi esse filme com um dos meus primos mais velhos e, desde então, apaixonei-me pela "sétima arte".
J'ai regardé ce film avec l'un des mes cousins, plus âgé, et depuis je suis amoureux du « Septième art ».

Apesar de ser Espanhol, já não vivo em Espanha há muitos anos.
Même si je suis Espagnol, je ne vis plus en Espagne depuis plusieurs années.

A minha esposa Marisa trabalha para uma organização humanitária chamada Médicos Sem Fronteiras.
Ma femme Marisa travaille pour une organisation humanitaire appelée Médecins Sans Frontières.

Ela é médica.
Elle est médecin.

Graças ao trabalho dela, nós viajamos por todo o mundo.
Grâce à son travail, nous avons voyagé tout autour

du globe.

Por vezes, amamos o país onde temos que passar alguns meses ou anos.
Parfois nous aimons le pays où nous devons passer quelques mois ou années.

Outras vezes, são países que são, de alguma forma, perigosos, e uma pessoa mal pode sair de casa.
D'autres fois il s'agit de pays qui sont dangereux, et on peut difficilement quitter notre maison.

A Marisa ama o seu trabalho e eu amo o meu.
Marisa aime son travail et j'aime le mien.

Hoje, graças à internet, eu consigo ver filmes onde eu estiver, onde quer que eu esteja.
Aujourd'hui, grâce à l'internet, je peux voir des films où je suis, quel que soit l'endroit.

Então conseguimos viver e desfrutar da nossa paixão.
Nous pouvons ainsi tous les deux vivre et jouir de notre passion.

Uma das vantagens de ter vivido em tantos países e continentes (América do Sul, África, Oceânia e Ásia) é ver filmes que são um pouco...vamos dizer...
L'un des avantages d'avoir vécu dans tant de pays et de continents (Amérique du Sud, Afrique, Océanie et Asie) est de voir des films qui sont un peu… disons-le…

"diferentes" e que eu não poderia ter visto em Espanha.
"différents" et que je n'aurais pas pu voir en Espagne.

Você não conseguirá imaginar a quantidade de filmes que eles gravam todos os anos, que não são exibidos nas nossas telas.
Vous ne pouvez pas imaginer combien de films sont tournés chaque année et ne passent pas sur nos écrans.

Existem milhares deles.
Il y en a des milliers!

O melhor aspeto de ter vivido em lugares exóticos é eu ter conseguido ver esses filmes.
La meilleure chose dans le fait de vivre dans des endroits exotiques est que j'ai pu voir ces films.

E, para além de os ter visto, eu poderia vivê-los no seu contexto.
Et, en plus de les avoir vu, j'ai pu réellement les vivre dans leur contexte.

Existem lugares onde ir ao cinema é uma verdadeira aventura.
Il y a des endroits dans lesquels aller au cinéma est une vraie aventure.

Não acredita nisso?
Vous ne me croyez pas?

Eu tenho algumas anedotas e histórias que poderão provar isso.
J'ai deux anecdotes et histoires pour le prouver.

Há oito anos, eu e a Marisa viajamos para o nosso primeiro destino: Índia.
Il y a huit ans, Marisa et moi-même avons voyagé

vers notre première destination: l'Inde.

Lá, nós fomos levados para uma pequena cidade numa encosta, onde a organização humanitária começou a trabalhar.
Nous avons été emmenés vers un petit village pentu, où l'organisation humanitaire commençait à travailler.

A tarefa da Marisa foi ajudar as mulheres da cidade a estabelecer uma melhor saúde e higiene para as mulheres e nas casas.
La tâche de Marisa était d'aider les femmes du village à instaurer une meilleure santé et hygiène pour les femmes et les maisons.

No começo, a minha tarefa era renovar a casa pequena e húmida que eles nos atribuíram para viver.
Au début, ma tâche était de rénover la petite et humide maison qui nous avait été attribuée.

Lembro-me que, após cerca de duas semanas, recebi os filmes do Festival de Cannes, para escrever críticas sobre eles.
Je me souviens que, presque deux semaines plus tard, j'ai reçu les films du Festival du Cannes afin d'en faire la critique.

Alguns filmes românticos, alguns filmes de ação e um documentário interessante.
Quelques films romantiques, deux films d'action et un documentaire intéressant.

Cedo toda a cidade soube que eu era um especialista em questões de cinema.
Bientôt, tout le village a su que j'étais un expert des questions de cinéma.

Um dia, o prefeito convidou-me para o "cinema" da cidade.
Un jour, le maire m'a invité au "cinéma" du village.

Esse cinema da cidade foi construído todos os meses num pequeno barracão, quando o clima o permitia.
Ce cinéma du village était monté chaque mois dans un petit abri, si le temps le permettait.

Aqueles filmes eram quase sempre exibidos ao longo de dois ou três meses mas eu tive sorte porque pude assistir a um verdadeiro Bollywood première, pela primeira vez.
Ces films étaient presque toujours projetés pendant deux ou trois mois, mais j'étais chanceux car je pouvais assister à une vraie Première de Bollywood pour la première fois.

Nessa noite, toda a cidade estava lá para ver "o estranho que amava Bollywood".
Ce soir-là, le village entier était là pour voir "l'étranger qui aimait Bollywood".

Tão embaraçoso.
C'était embarrassant!

Aquelas pessoas nem sequer imaginavam que eu não entenderia uma única palavra daquele filme...
Ces gens n'imaginaient même pas que je ne pouvais comprendre un seul mot de ce film...

Quando chegou à noite, o filme começou.
La nuit tombée, le film a débuté.

Primeiro, fiquei muito surpreso porque as pessoas

simplesmente continuaram conversando.
J'ai d'abord été surpris, car les gens continuaient à discuter.

As pessoas comentavam o filme ao detalhe: se gostavam dos personagens, aplaudiam - senão, assobiavam para eles.
Les gens commentaient le film en détail: s'ils aimaient les personnages, ils applaudissaient ; s'ils ne les aimaient pas, ils les sifflaient.

Cedo percebi que aquele filme era um drama com muito amor, humor e muita música.
J'ai bientôt réalisé que ce film était un drame avec beaucoup d'amour, d'humour et énormément de musique.

No Ocidente, o mesmo teria sido um "Les Misérables"-estilo musical.
En Occident, il aurait été perçu comme une comédie musicale sur le style des Misérables.

Na India foi uma festa, não só na tela, como também na cidade.
En Inde, il s'agissait d'une fête, pas seulement sur l'écran, mais pour le village aussi.

Subitamente, virei a minha cabeça para a direita e quase caí da cadeira com medo.
Tout d'un coup, j'ai tourné ma tête à droite et je suis presque tombé de ma chaise de peur!

A trinta centímetros de mim havia uma vaca, que se deitou ali e também viu o filme!
À trente centimètres de moi, il y avait une vache, qui se tenait là et qui regardait aussi le film.

25

Isso era completamente intuitivo para mim mas as vacas são animais sagrados na Índia e as suas decisões e desejos são respeitados, mesmo se elas quiserem ir ao cinema.

C'était complètement fou, mais les vaches sont des animaux sacrés en Inde et leurs décisions et souhaits sont respectés, même si elles veulent aller au cinéma.

Alguns anos mais tarde, a Marisa teve um novo destino.

Deux ans plus tard, Marisa a reçu une nouvelle destination.

Dessa vez, nós tínhamos que viver em Moçambique, África.

Cette fois, nous devions vivre au Mozambique, en Afrique.

Um dos colegas dela estava doente e ela teve que a substituir apenas durante alguns meses.

L'une de ses collègues était malade et elle devait la remplacer pour quelques mois seulement.

Esse lugar ainda era mais pobre do que a cidade da Índia.

Cet endroit était encore plus pauvre que le village en Inde.

Não obstante, as pessoas eram felizes, simpáticas, entusiastas e aficionadas.

Cependant, les gens étaient heureux, chaleureux, enthousiastes et affectueux.

O cinema lá era uma verdadeira luxúria, tal como o

era uma ligação à internet, e então eu li livros sobre cinema ao longo daqueles meses.
Le cinéma était un vrai luxe là-bas, tout comme la connexion internet, alors j'ai lu des livres sur le cinéma pendant ces mois-là.

Aprendi muitas coisas novas.
J'ai appris beaucoup de nouvelles choses.

Após três meses ali, uma espécie de circo itinerante veio para a cidade, para comemorar uma festa local.
Après trois mois, une sorte de cirque ambulant est arrivé au village pour célébrer une fête locale.

Adivinhou? Eles tinham um cinema.
Pouvez-vous deviner la suite?

Bem, para ser sincero, um projetor e uma tela (que já tinham visto melhores dias).
Ils avaient un cinéma. Bon, pour être honnête, un projecteur et un écran (qui avaient connu des jours meilleurs).

Contudo, tudo funcionava perfeitamente quando a noite chegou.
Cependant, tout marchait parfaitement la nuit venue!

Dessa vez, era um filme de ação de Hollywood que o resto do mundo tinha visto há dois ou três anos.
Cette fois, il s'agissait d'un film d'action d'Hollywood que le reste du monde avait vu deux ou trois ans auparavant.

Nessa ocasião, as estrelas foram o nosso guia, já que o cinema foi construído ao ar livre, fora da cidade.

À cette occasion, les étoiles étaient notre guide, car le cinéma était monté en plein air à l'extérieur du village.

As estrelas e muitas outras coisas, porque existiam todos os barulhos possíveis de animais, insetos...
Les étoiles et beaucoup d'autres choses, car il y avait tous les bruits possibles des animaux, des insectes...

a natureza acompanhava a projeção, para dizê-lo em geral.
la nature accompagnait cette projection, pour généraliser.

Subitamente, mesmo a meio do filme, nós vimos alguns movimentos no escuro.
Tout d'un coup, juste au milieu du film, nous avons vu quelques mouvements dans le noir.

E, ao mesmo tempo, ouvimos um barulho, como altos rufares de tambores...
Et en même temps, nous avons entendu un bruit, comme de forts roulements de tambours...

Tambores?
Des tambours?

Não, em absoluto!
Absolument pas!

Um grande elefante, gigantesco e selvagem, apareceu ali para dizer boa noite...
Un grand éléphant, gigantesque et sauvage, est apparu pour nous souhaiter bonne nuit...

E que medo!
Et quelle peur!

Dessa vez, eu não fui o único a ficar com medo: toda a audiência fugiu rapidamente para casa.
Cette fois-là, je n'étais pas le seul à être effrayé: tout le public a rapidement couru à la maison.

Logo após eu ter sabido que os elefantes têm fases de grande atividade noturna, ao longo das quais eles viajam para buscar comida e água.
Peu après, j'ai appris que les éléphants ont des phases de grande activité nocturne, durant lesquelles ils se déplacent pour trouver de la nourriture et de l'eau.

Desde então, eu nunca mais voltei a um cinema "selvagem".
Depuis, je n'ai plus revu un tel cinéma "sauvage".

Como você vê, ir ao cinema noutros países poderá ser uma verdadeira aventura.
Comme vous le voyez, aller au cinéma dans d'autres pays peut être une vraie aventure.

Em outros lugares, tal como em algumas partes da China, os filmes são acompanhados por insetos fritos ao invés de pipocas.
Dans d'autres endroits, comme certains en Chine, les films sont accompagnés d'insectes grillés à la place du popcorn.

Em Espanha, a maioria dos filmes são dublados e, como tal, uma pessoa só muito raramente consegue ouvir as verdadeiras vozes dos atores.
En Espagne, la majorité des films sont doublés, on peut très rarement entendre la voix d'origine des acteurs.

Você poderá viver essas e muitas mais anedotas, se for

ao cinema por todo o mundo.
Vous pouvez vivre ces anecdotes et d'autres, si vous allez au cinéma tout autour du globe!

A aventura de comer na Espanha
Aventure culinaire en Espagne

Vocês já estiveram na Espanha?
Etes-vous déjà allés en Espagne?

É um país maravilhoso.
C'est un pays merveilleux.

Meu nome é Sarah Jones e tenho trinta e três anos.
Mon nom est Sarah Jones et j'ai trente-trois ans.

Eu moro em Londres há dois anos, mas tive a sorte
de estudar durante alguns anos na Espanha.
*Je vis depuis deux ans à Londres, mais j'ai eu la
chance d'étudier pendant deux ans en Espagne.*

Trabalho para um grande banco no Reino Unido e
estudei Economia na Universidade.
*Je travaille pour une grande banque anglaise et j'ai
étudié l'économie à l'Université.*

Eu sou casada, mas ainda não tenho filhos. Meu
marido se chama Marcos Sánchez, e o conheci,
como você pode imaginar pelo seu nome, na
Espanha.
*Je suis mariée mais je n'ai pas encore d'enfants. Mon
mari s'appelle Marcos Sánchez, et je l'ai rencontré,
comme vous pouvez l'imaginer par son nom, en
Espagne.*

Eu tinha vinte anos antes da chegada do verão e antes de começar o meu primeiro curso de estudos de Economia na Espanha.

J'avais 20 ans et j'avais tout l'été devant moi avant de commencer mon premier cours d'économie en Espagne.

Então eu decidi ir com a minha melhor amiga, Anne, para desfrutar do nosso último verão juntas no meu novo país.

Alors j'ai décidé de passer avec ma meilleure amie Anne notre dernier été ensemble dans mon nouveau pays.

Minha melhor amiga Anne naquele ano estava indo estudar na Austrália, assim que íamos estar cada uma em cada lado do mundo.

Ma meilleure amie Anne voulait partir étudier en Australie cette année-là, alors nous serions à l'autre bout du monde l'une de l'autre.

Anne estudava medicina. Agora ela é uma excelente médica trabalhando nos EUA.

Anne étudiait la médecine. Elle est maintenant un excellent docteur travaillant aux Etats-Unis.

Durante o verão na Espanha, faz muito calor em quase toda parte, de modo que você pode aproveitar e ir para a praia, para a piscina, sair à noite, dançar nas discos...

Durant l'été, il fait chaud presque partout en Espagne, alors on peut aller à la plage ou à la piscine, sortir, danser dans des discothèques...

Em outras palavras: era um destino ideal e um lugar

32

ideal para a viagem de duas melhores amigas.

En d'autres termes: c'est une destination idéale de voyage pour deux meilleures amies.

Além disso, os hotéis, pousadas e apartamentos na Espanha eram muito barato, e trabalhamos durante o curso economizando para passar as férias juntas.

De plus, les hôtels, auberges et appartements ne sont pas chers en Espagne, et nous avons travaillé pendant une année et mis de l'argent de côté pour pouvoir passer les vacances ensemble.

Nós planejamos três meses percorrendo a Espanha, suas costas, suas montanhas, suas maiores cidades, seus mais ínfimos povoados, festas... nós não queríamos perder nada!

Nous avions planifié de voyager trois mois en Espagne, sur ses côtes, dans ses montagnes, ses plus grandes villes, ses plus petits villages, ses fêtes… nous ne voulions rien louper!

Assim que chegamos, começamos a explorar, se divertir e aproveitar.

Dès notre arrivée, nous avons commencé à découvrir, à nous amuser et à apprécier.

Aterrissamos em Madrid, a capital espanhola, onde ficamos em uma pequena pousada no centro, justo ao lado do Museu do Prado!

Nous avons atterri à Madrid, la capitale espagnole, où nous avons séjourné dans une petite auberge dans le centre, juste à côté du Musée du Prado.

Se você gosta de arte e vai para a Espanha, você não pode perder o Museu do Prado!

Si vous aimez l'art et que vous allez en Espagne, vous ne pouvez pas manquer le musée du Prado!

Com todas as suas pinturas de Velázquez, El Greco... é impressionante!
Avec toutes ses toiles de Velazquez, El Greco... c'est impressionnant.

Depois do nosso primeiro passeio por um museu tão grande e pelas ruas do centro de Madrid, estávamos realmente famintas.
Après notre première balade dans un tel musée et dans les rues du centre-ville de Madrid, nous avions vraiment faim.

Era hora de provar, pela primeira vez o que sempre escutávamos, de como era deliciosa a comida da Espanha.
Le moment était venu de tester, pour la première fois, ce qui nous avions toujours entendu comme étant délicieux : la nourriture espagnole.

Por onde começar?
Où devions-nous commencer?

O que seriam as tapas em realidade? E a paella?
Comment seraient les vraies tapas? Et la paella?

Todas as comidas eram muito estranhas para nós, não sabiamos o que significava nenhuma delas, mas os menus pareciam muito saborosos, e as fotos das comidas pareciam realmente excitantes.
Tous les plats servis nous semblaient étranges, nous ne savions pas ce qu'il y avait à la carte, mais les menus nous semblaient tous délicieux, et les images des plats étaient alléchantes.

34

Entramos em um restaurante que estava muito animado.
Nous avons choisi un restaurant avec beaucoup d'ambiance.

Havia muitos jovens bebendo e comendo "tapas", nós gostamos desse ambiente muito descontraído.
Il y avait beaucoup de jeunes filles et garçons qui buvaient et mangeaient des « tapas », nous aimions l'atmosphère détendue.

Havia gente espanhola, mas também turistas de todo o mundo.
Il y avait des espagnols, mais également des touristes du monde entier.

Anne e eu nos sentamos e decidimos pedir, em primeiro, um par de jarras de "sangria" uma bebida que as pessoas haviam recomendado para nós.
Anne et moi avons pris place et avons décidé de commander en premier deux pots de "sangría", une boisson qui nous avait été recommandée.

Estávamos com muita sede porque fazia muito calor.
Nous avions vraiment soif car il faisait chaud.

A sangria é uma bebida deliciosa, é feita com vinho, limão, frutas frescas, canela...
La sangria est une boisson vraiment délicieuse, elle se compose de vin, de citron, de fruits frais, de cannelle,...

Em cada casa e em cada bar, os ingredientes e as quantidades cambiam.

Dans chaque maison et chaque bar, les ingrédients et les proportions changent.

Creio que durante esse verão poderíamos ter provado umas três centenas de maneiras diferentes de fazer sangria... e todas elas estavam muito boas!
Je pense que durant l'été, nous avons essayé plus de trois cents sangrias différentes... et toutes étaient excellentes!

Então, eu recomendo que se você vai para a Espanha, que você prove-a.
Je vous recommande ainsi de l'essayer si vous allez en Espagne.

Mas, a sangria tem álcool, assim que seja cuidadoso com ela.
Mais la sangria a de l'alcool, soyez donc prudents.

A coisa boa é que existem muitos lugares onde estão fazendo sem álcool, e está ainda melhor!
Le bon côté est qu'il y a beaucoup d'endroits qui la servent sans alcool, et elle est encore meilleure!

E então, chegaram as nossas primeiras tapas. Primeiro chegou algo chamado croquetas!
Nos premières tapas sont ensuite arrivées. En premier, quelque chose nommé croquetas.

Eu não sei muito bem como explicar o que são.
Je ne sais pas très bien comment expliquer ce que c'est.

É um prato quente, frito, e é preenchida com um delicioso creme com jamón, queijo, carne... também

há milhares de opções!
C'est un plat chaud, frit et qui est rempli de crème délicieuse avec du jambon, du fromage, de la viande. Il y a des milliers de variations!

Depois, chegaram as azeitonas.
Après cela, les olives sont arrivées.

As azeitonas são de onde vem o azeite de oliva, mas em Espanha se comem também cruas, com azeite, vinagre, alho, especiarias.
L'huile d'olive provient des olives, mais en Espagne elles sont également mangées crûes avec de l'huile, du vinaigre, de l'ail et des épices.

Nó gostamos muito das nossas primeras tapas.
Nous avons beaucoup aimé nos premières tapas.

Mas nossa viagem continuou e seguimos provando pratos da comida espanhola.
Mais notre voyage s'est poursuivi et nous avons continué à tester des plats de cuisine espagnole.

Um dos mais surpreendente para nós foi a famosíssima paella.
L'un des plus surprenants pour nous fût la fameuse paella.

Vocês sabem o que é uma paella?
Savez-vous ce qu'est la paella?

Chegamos a Valência, onde nos alojamos em um camping próximo à praia.
Nous sommes arrivées à Valence, où nous avons séjourné dans un camping à côté de la mer.

Alugamos um carro para as nossas férias na praia, e chegamos à praia depois de algumas horas de viagem, com muita fome.
Nous avions loué une voiture pour nos vacances au bord de la mer, et nous sommes arrivées après deux heures de route, affamées, à la plage.

Ali havia um "chiringuito", que é um bar justo na areia, muito popular na Espanha.
Il y avait un "chiringuito", qui est un bar de plage – très populaire en Espagne.

E a especialidade do chiringuito era a paella.
Et la spécialité de la maison était la paella.

Assim que Anne e eu não esperamos mais e pedimos uma paella para dois.
Alors Anne et moi-même n'avons pas plus attendu et avons commandé directement une paella pour deux.

A paella é um prato de arroz cozido de cor amarela e que e se come quente.
La paella est un plat de riz jaune cuit qui se mange chaud.

O arroz está muito bom e geralmente vem acompanhado com todo tipo de coisas.
Le riz est vraiment bon, et il est normalement servi avec beaucoup de suppléments.

Por exemplo, verduras ou frango, mas também com mariscos.
Par exemple, des légumes ou du poulet, mais également des fruits de mer.

Alguns eu não tinha comido nunca, como o carangueijo.
Je n'avais jamais essayé certains d'entre eux, comme la chair de crabe.

Pode ser que você goste ou não da paella, mas se você vai para a Espanha deveria prová-la.
Vous pouvez aimer ou non la paella, mais si vous allez en Espagne, vous devez l'essayer.

Como descobrimos pouco a pouco, as vezes comer na España era uma aventura.
Alors que nous goûtions petit à petit, manger en Espagne était parfois une aventure.

Por exemplo, um dia, no norte da Espanha, pedimos uma tapa de uma coisa chamada "callos"... Eu não sei como explicar o que é, mas é um tipo de carne de porco que eu não gostei nada, porque era um pouco... viscosa.
Par exemple, un jour dans le nord de l'Espagne, nous avons commandé un plat de tapas qui s'appelait « callos »… Je ne sais pas comment expliquer ce que c'est, mais il s'agit d'une sorte de viande de porc que je n'aime pas du tout car c'était un peu… visqueux.

Outro dia, na cidade de Burgos, que tem uma catedral maravilhosa, comemos a morcilla, que é uma espécie de chouriço preto, que é feita de sangue de porco.
Un autre jour dans la ville de Burgos, qui a une merveilleuse cathédrale, nous avons mangé de la morcilla, qui est une sorte de saucisse noire épicée, faite de sang de cochon.

39

Como você vê, na Espanha se comem coisas muito diferentes... e muito estranhas para alguém de fora!
Comme vous le voyez, en Espagne, les gens mangent des choses très différentes... et certaines sont étranges si vous venez de l'étranger!

Algo de porco que nós adoramos foi o jamón serrano.
Quelque chose provenant du porc que nous adorions était le jambon Serrano.

Na Espanha, comem muita carne de porco, mas esta em particular, eu realmente recomendo, porque é tão saborosa!
En Espagne on mange beaucoup de viande de porc, mais je recommande celle-ci en particulier car elle est délicieuse!

A coisa mais engraçada que aconteceu conosco foi em um povoado onde nos serviram uma tapa de... caracóis!
Le moment le plus drôle qui nous est arrivé était dans un village, où l'on nous a servi un plat de tapas... d'escargots!

Sim, verdade, caracóis... nós não tínhamos nem idéia de como comê-los!
Oui, c'est exact, des escargots... nous n'avions aucune idée de la manière de les manger!

Anne, que é muito mais corajosa do que eu, provou... mas sem bons resultados.
Anne, qui est bien plus courageuse que moi, a essayé, mais sans succès.

Isso era demais para nossas rotinas alimentárias, por

isso, não comemos os caracóis.

Cela était un peu trop pour notre routine culinaire, alors nous n'avons pas mangé les escargots.

A Espanha é um país cheio de comidas deliciosas, esquisitas... mas acima de tudo, são muito divertidas se você descobre elas com os seus amigos ou a sua família nas suas próximas férias.

L'Espagne est un pays rempli de nourriture délicieuse, de plats étranges... mais par-dessus tout cela est drôle si vous les découvrez avec vos amis ou votre famille durant les prochaines vacances.

Eu tenho certeza que depois de provar este e outros pratos, você vai ter mil histórias para contar quando voltar!

Je suis certaine qu'après avoir goûté ces plats et d'autres, vous aurez des milliers d'histoires à raconter lors de votre retour!

Apaixonando-se em Veneza
Tomber amoureuse à Venise

1) Maria e Sandro, o fim de um amor
1) Maria et Sandro, un amour achevé

Depois de levar um tempo sem encontros, após o rompimento com Sandro, eu comecei a aproveitar a vida novamente, e estou ainda mais inspirada do que antes!
Après avoir pris un peu de temps après ma rupture avec Sandro, j'ai commencé à apprécier à nouveau la vie, et je suis même plus inspirée qu'auparavant!

Depois de dois anos de noivado, quando ainda estávamos falando de se casar, o nosso amor se deteriorou.
Après deux années de relation, alors que nous parlions même mariage, notre amour s'est estompé.

Talvez vocês gostariam de saber o motivo. Contarei a vocês diretamente!
Peut-être voulez-vous en connaître la raison. Je vais vous la dire tout de suite!

2) Por que nós terminamos
2) Pourquoi nous avons rompu

Seus pais eram os nossos hóspedes na casa que possuo em Veneza, na lagoa, onde escolhemos viver

42

depois do casamento.

Ses parents étaient nos invités dans la maison dont je suis propriétaire à Venise, sur la lagune, où nous avions choisi de vivre après le mariage.

Eles haviam estado comigo por três dias e passaram o Natal conosco.

Ils sont restés trois jours avec moi et ils ont passé Noël avec nous.

Eles saíram em 2 de janeiro (graças a Deus!) E voltaram para a sua cidade natal, Verona.

Ils sont partis le 2 janvier (Dieu merci!) et sont rentrés dans leur ville natale, Vérone.

Tudo começou com a discussão iniciada pela sua mãe, Paola, que insistia em ter o casamento celebrado na sua cidade, onde Sandro nasceu.

Tout a commencé avec la polémique entamée par sa mère Paola, qui insistait pour que le mariage soit célébré dans leur ville, où Sandro est né.

O seu pai não participou da discussão, em vez disso, ele preferia tentar chamar minha atenção para me fazer entender que ele não compartilhava as vontades da sua esposa, como ele confirmou-me pouco depois.

Son père en revanche n'a pas pris part à la polémique, il a plutôt essayé d'accrocher mon regard pour me faire comprendre qu'il ne partageait pas les demandes de sa femme, comme il allait me le confirmer juste après.

Eu manterei esse entre as minhas mais belas

memórias, porque eu entendi que ele foi sincero e que, naquele momento, talvez ele também teria aberto a janela e deixado a sua esposa tomar um bom banho na água gelada da lagoa.

Je le garderai comme l'un de mes plus beaux souvenirs, car je sais qu'il était sincère et que à ce moment-là, lui aussi aurait volontiers ouvert la fenêtre et laissé sa femme prendre un bon petit bain dans les eaux de la lagune.

Na verdade, a discussão interrompeu o idílio de amor entre mim e Sandro, que não me defendeu (talvez devido ao excesso de amor por sua mãe) e até mesmo me repreendeu por levantar a voz para a sua querida mãe.

En fait, cette polémique a mis fin à l'idylle amoureuse entre moi et Sandro, qui n'a pas pris mon parti (à cause peut-être de son amour excessif pour sa mère) et m'a même réprimandée pour avoir élevé la voix contre sa chère mère.

No dia seguinte, quando ele acompanhou os seus pais até Verona, eu já havia entendido que o nosso sonho de amor tinha desaparecido.

Le jour suivant, lorsqu'il a accompagné ses parents à Vérone, j'avais déjà compris que notre rêve amoureux avait déjà disparu.

Eu não estava errada.
Je n'avais pas tort.

Talvez impulsionado pela sua mãe, ele não me ligou por três dias e eu nem sequer pensava em fazê-lo.

Peut-être manipulé par sa mère, il ne m'a pas appelée pendant trois jours et je ne pensais également pas le faire.

Após uma semana, ele telefonou para me dizer que talvez fosse melhor colocar todos os nossos projetos de lado, para o bem de todos.
Après une semaine, il m'a appelée pour me dire qu'il était peut-être mieux de mettre tous nos projets de côté, pour le bien de tout le monde.

Meu mundo desmoronou e eu, entre raiva e decepção, retirei-me na minha solidão, jurando a mim mesma que nunca iria comprometer-me novamente!
Mon monde s'écroulait et, entre la colère et la déception, je me suis enfermée dans la solitude, en me jurant que je ne m'engagerais plus jamais.

O amor entre nós estava acabado... para sempre!
L'amour entre nous était terminé… pour toujours!

3) Um novo encontro
3) Une nouvelle rencontre

Marco estava caminhando ao lado de Claudia (sua irmã) e o seu noivo (meu irmão).
Marco marchait à côté de Claudia (sa sœur) et son fiancé (mon frère).

Estávamos indo para a Ponte de Rialto, a fim de comemorar a graduação de Claudia (em Direito), e ele nos levou para almoçar em um restaurante onde um amigo dele trabalha.
Nous nous sommes dirigés vers le Pont du Rialto pour célébrer la remise de diplôme de Claudia (en Droit), et il nous a amené pour le déjeuner dans un

restaurant où l'un de ses amis travaille.

Quando chegamos, ele imediatamente se sentou ao meu lado e na frente dos dois noivos.
Lorsque nous sommes entrés, il a immédiatement pris place à côté de moi, en face des deux fiancés.

Na mesa, ele colocou as rosas em uma carta de felicitações para a sua irmã e disse imediatamente: "E esta é para você".
Sur la table, il a déposé les roses sur une carte de félicitations pour sa sœur et a dit juste après : "Et celle-là est pour toi".

Depois do almoço, sentamos em algumas pequenas mesas perto do canto para tomar um café.
Après le déjeuner, nous nous sommes assis sur une table près de la rive pour prendre un café.

Enquanto isso, o foco geral de atenção tinha passado exclusivamente para mim, falando (meu irmão em primeiro lugar) sobre o fracasso do meu relacionamento com Sandro e minha raiva em relação a todos os homens.
Entre-temps, l'attention principale était passée exclusivement sur moi, en parlant (mon frère d'abord) de l'échec de ma relation avec Sandro et ma colère contre tous les hommes.

Sentindo-me questionada, tomei a oportunidade de expressar minha raiva, mas sem exagerar - também para não constranger ao Marco, que estava me cortejando, e eu entendi que foi desde o início. E para dizer a verdade, isso realmente me encantou.
Interpellée par cette question, j'ai saisi l'opportunité

d'exprimer ma rage, mais sans exagérer – aussi pour
ne pas causer d'embarras à Marco, qui me courtisait,
et je l'avais compris au premier regard. Et, pour dire
la vérité, j'en étais heureuse.

4) Um rapaz bom e sincero
4) Un homme bon et sincère

Enquanto isso, a noite chegou e as primeiras luzes
eram visíveis na lagoa, iluminando o trecho de água
único no mundo, o que só a bela Veneza pode
oferecer.
Entre-temps le soir était tombé et les premières
lumières étaient visibles sur la lagune, illuminant ce
plan d'eau unique au monde, que seule la magnifique
Venise peut offrir.

Estar presente nesta vista é um sentimento
extremamente comovente, não só para os turistas,
mas também para todos os venezianos que vivem a
cidade todos os dias.
Participer à cette vision donne un sentiment
extrêmement émouvant, pas seulement pour les
touristes, mais également pour tous les vénitiens qui
vivent chaque jour dans la ville.

Foi triste para mim, pensando no amor que eu não
sentia mais e que eu pensei que tinha perdido para
sempre.
C'était triste pour moi, en pensant à l'amour que je
n'éprouvais plus et que je pensais avoir perdu pour
toujours.

Neste ponto, confusa, mas feliz, eu voltei para casa.

A ce moment-là, confuse mais heureuse, je suis rentrée à la maison.

No dia seguinte eu ouvi alguém tocar a campainha, eu pensei que era o meu vizinho ou o carteiro, e o que eu encontrei em vez disso? Marco!
Le jour suivant, quelqu'un a sonné à ma porte, je pensais que c'était mon voisin ou le postier, et qui ai-je trouvé à la place? Marco!

Ele tinha um ramo de rosas só para mim (azuis desta vez) e ele estava vestido ainda mais elegante do que no dia anterior e tinha um penteado diferente (em linha reta com gel de cabelo), um muito refinado.
Il avait un bouquet de roses uniquement pour moi (bleues cette fois), il était même encore plus élégamment habillé que le jour d'avant et avait une coupe de cheveux différente (tenue par du gel à cheveux), une coupe très raffinée.

Este gesto me emocionou muito, e eu não hesitei em beijá-lo sinceramente na bochecha.
Ce geste m'a beaucoup émue, et je n'ai pas hésité à l'embrasser sincèrement sur la joue.

5) Aquela noite no Lido
5) Cette nuit-là au Lido

Uma nova amizade nasceu com Marco, e uma noite isso nos levou (auxiliado por meu irmão, o pequeno malandro, e a sua super divertida Claudia) em direção ao Lido de Veneza, um lugar diferente da lagoa, embora geograficamente parte dela.
Une nouvelle amitié était née avec Marco et un soir elle nous a amenés (aidée par mon frère, ce petit

gredin, et sa très drôle Claudia) du côté du Lido de Venise, un endroit différent de la lagune, mais en faisant géographiquement partie.

Esta é a Veneza não-turística, que quer dizer aquela em que a maioria dos venezianos vivem, com restaurantes, discotecas, bares, praia (no verão), lojas de moda de marcas importantes.
Il s'agit de la partie non-touristique de Venise, à vrai dire celle dans laquelle la plupart des vénitiens vivent, avec des restaurants, des discothèques, des bars, des plages (en été), des magasins importants de mode.

Naquela noite, também, o seu charme e sutileza não foram negados: ele apareceu com uma gravata azul escura e jaqueta e com duas rosas vermelhas, uma para mim e outra para Claudia... Nós iríamos jantar em um momento.
Cette nuit-là aussi, son charme et sa subtilité n'ont pas été reniées: il est venu avec une veste et une cravatte bleues foncées ainsi qu'avec deux roses rouges, une pour moi et une pour Claudia... Nous allions manger sous peu.

Na realidade, algo já estava me movendo, e eu estava atraída por ele, mas eu não conseguia encontrar as palavras para expressar minha alegria, mesmo que os meus olhos me traíssem e ele percebeu.
Pour dire la vérité, quelque chose me remuait déjà, et j'étais attirée par lui, mais je n'arrivais pas à trouver les mots pour exprimer ma joie, même si mes yeux me trahissaient et il le voyait.

De fato, enquanto os dois pombinhos ainda estavam sentados à mesa, ele me convidou para o terraço do restaurante com uma desculpa; como nós estávamos assistindo ao pôr do sol, ele se virou para mim, sorriu e, em seguida, abaixou-se e beijou-me intensamente.
En fait, alors que le deux amoureux étaient toujours assis à table, il m'a invitée sur la terrasse du restaurant en usant d'une excuse; alors que nous regardions le couché de soleil, il s'est tourné vers moi, a souri, et s'est ensuite baissé et m'a embrassée intensément.

A partir desse dia, Marco tornou-se o meu grande amor.
Depuis ce jour, Marco est mon grand amour.

6) Um dia mágico
6) Une journée magique

Esse foi o dia mais feliz da minha vida!
C'était le plus beau jour de ma vie!

No verão, nós escolhemos o Lido de Veneza para as nossas férias, porque representa um lugar especial para nós, onde floresceu a nossa paixão e onde celebramos, onde eu chorei (desta vez por amor e felicidade, em vez da decepção), onde ele jantou e bebeu champanhe na praia, depois que... até hoje (nós vamos casar no próximo ano) tudo foi absolutamente mágico!
En été, nous choisissons le Lido de Venise pour nos vacances car il représente un endroit particulier pour nous, où notre passion a fleuri et où nous avons fêté, où j'ai pleuré (cette fois par amour et bonheur plutôt

50

que par déception), où nous avons dîné et bu du champagne sur la plage après… jusqu'à aujourd'hui (nous allons nous marrier l'année prochaine), tout a été absolument magique!

As lojas curiosas da Espanha
Les étranges magasins d'Espagne

Me chamo Martha e tenho quarenta e dois anos.
Je m'appelle Martha et j'ai quarante-deux ans.

Meu marido Stephen e eu moramos em uma pequena vila no meio oeste dos EUA.
Mon époux Stephen et moi-même vivons dans un petit village dans le centre de l'ouest américain.

Estamos casados há vinte anos e temos dois filhos.
Nous sommes mariés depuis vingt ans et nous avons deux enfants.

Nossa filha, Sarah, tem 14 anos e o nosso filho, John, tem nove anos.
Notre fille, Sarah, a quatorze ans et notre fils, John, a neuf ans.

A nossa família tem sido abençoado com amor, felicidade e ótimos momentos, especialmente durante nossas viagens.
Notre famille connaît l'amour, la joie et de très bons moments, spécialement durant nos voyages.

As crianças ainda vão para a escola, e eu trabalho a tempo parcial em um escritório de advocacia.
Nos enfants vont à l'école et je travaille à temps partiel dans une étude d'avocat.

Meu marido tem o seu próprio negócio de compra e venda de carros, e tem várias lojas em vários municípios.

Mon mari a sa propre entreprise, un commerce de voitures, et il a des magasins dans plusieurs régions.

Desde que Sarah e John eram muito pequenos, Stephen e eu acostumamos eles a viajar.

Depuis que Sarah et John sont petits, Stephen et moi-même les avons habitués à voyager.

As viagens sempre foram a nossa paixão!

Les voyages ont toujours été notre passion!

Antes de ter filhos, viajamos para o Vietnã, África do Sul, China…

Avant d'avoir des enfants, nous avons voyagé au Vietnam, en Afrique du Sud, en Chine…

Os países mais exóticos eram os nossos favoritos.

Les pays les plus exotiques étaient nos favoris.

Mas quando tivemos filhos, viajar tornou-se um pouco mais complicado, e nós começamos a escolher destinos mais próximos: Canadá, México e, é claro, Europa.

Mais quand nous avons eu nos enfants, voyager est devenu plus dur, et nous avons commencé à choisir des destinations plus proches : Canada, Mexique et bien sûr l'Europe.

É muito difícil escolher qual país visitar na Europa: todos eles têm um monte de locais atraentes!

Il est très difficile de choisir quel pays visiter en Europe : tous ont beaucoup de lieux attractifs!

Nós viajamos para a França e Reino Unido, algumas vezes, mas Stephen estava desejando viajar para a Espanha e percorrer este país, que para os americanos é um pouco místico, misterioso e com muitos costumes estranhos, como o flamenco ou as touradas.

Nous avons voyagé en France et en Angleterre deux fois, mais Stephen voulait aller en Espagne et visiter ce pays, qui est pour les américains un peu mythique, mystérieux et a des particularités étranges, comme le flamenco ou la corrida.

Então, há dois anos nós planejamos e decidimos uma grande viagem em família para a Espanha, com as crianças, é claro, que nos deram um monte de idéias, sobre o que eles adorariam visitar lá.

Alors, il y a deux ans nous avons décidé et planifié un grand voyage familial en Espagne, avec les enfants bien sûr, qui nous ont donné beaucoup d'idées sur ce qu'ils souhaitaient visiter.

Nós estivemos planejando a viagem durante quase seis meses, comprando os bilhetes de avião, bilhetes de trem, bilhetes para os monumentos de diferentes cidades...

Nous avons préparé le voyage pendant près de six mois, achetant les billets d'avion, les billets de train, les billets pour les activités dans les différentes villes...

Queríamos ter tudo muito bem planejado e que nada saísse errado!

Nous voulions tout très bien préparer et que rien ne se passe mal!

Nos primeiros dias de agosto voamos para Madrid, e depois de mais de doze horas entre diferentes vôos, finalmente, estávamos na Espanha!

Au début août nous nous sommes envolés vers Madrid, et après plus de douze heures sur différents vols nous étions enfin en Espagne!

Nós tínhamos um mês inteiro pela frente para descobrir aquele país fascinante com milênios de história.

Nous avions un mois entier devant nous pour découvrir ce pays fascinant avec une histoire millénaire.

A primeira coisa que nós notamos era que tínhamos preparado tudo muito bem, mas, sem pensar que ia fazer tanto calor em Madrid durante aqueles dias.

La première chose que nous avons réalisée est que nous avions tout très bien préparé, mais sans penser qu'il ferait aussi chaud à Madrid.

Portanto, a primeira coisa que fizemos foi ir às compras por um protetor solar.

Alors la première chose que nous avons faite était d'acheter de la crème solaire.

E foi ali onde a nossa aventura começou com as compras na Espanha.

Et ainsi a débuté une aventure d'achat en Espagne.

Espanha e os Estados Unidos são muito diferentes em relação às compras.

L'Espagne et les Etats-Unis sont très différents en terme d'achat.

Em nosso país, você pode ir a uma farmácia e comprar tudo, desde medicamentos até shampoo.
Dans notre pays, vous pouvez aller dans une pharmacie et tout acheter, des médicaments au shampooing.

Mas, na Espanha não é assim.
Mais en Espagne, ça ne se passe pas comme cela.

E, nas farmácias... em geral... eles só vendem medicamentos!
And, in the pharmacies... in general... they only sell medicines!

Por isso, demoramos quase uma manhã inteira entrando em uma, duas, três, infinitas farmácias, até que percebemos e finalmente, uma moça explicou-nos que tínhamos que ir à uma "drogueria" para comprar isso.
Il nous a fallu une matinée entière pour aller à une, deux, trois, un nombre incalculable de pharmacies avant de réaliser, et finalement une jeune fille nous a expliqué que nous devions aller dans une "droguería" pour acheter cela.

Mais tarde, com o dicionário, vimos que "drogueria" significava "drug store".
Plus tard, dans le dictionnaire, nous avons vue que "droguería" signifie "droguerie".

Finalmente encontramos uma e compramos nosso protetor solar.
Nous avons enfin trouvé et acheté une crème solaire.

Depois de alguns dias em Madrid, onde visitamos o

maravilhoso Museu do Prado, porque eu adoro a arte, mas também o Estádio Santiago Bernabeu (porque o meu filho é um grande fã do futebol), fomos para Barcelona.

Après quelques jours à Madrid, où nous avons visité le fabuleux Musée du Prado, parce que j'aime l'art, mais aussi le stade Santiago Bernabeu (parce que mon fils adore le football), nous sommes allés à Barcelone.

É a segunda maior cidade da Espanha e está no Mediterrâneo, é uma bela cidade!

Barcelone est la deuxième ville d'Espagne et se trouve au bord de la Méditerranée, c'est une ville magnifique!

Uma das coisas que eu mais gostei era um tipo muito especial de bar que só existe na Espanha (ou eu creio): o chiringuito.

L'une des choses que nous aimions le plus était un genre spécial de bar qui existe uniquement en Espagne (ou du moins je le pense): le chiringuito.

O que é o chiringuito?

Qu'est-ce que le chiringuito ?

É um bar que está justo na praia, na areia, onde você pode tomar desde um café até um coquetel pela tarde, mas também uma maravilhosa paella ou uma cerveja.

C'est un bar qui se trouve en bord de mer, sur le sable, où vous pouvez prendre un café ou un cocktail durant l'après-midi, mais aussi une merveilleuse paella ou une bière.

Vocês não acham que esses locais com tudo em um

são geniais?
Ne pensez-vous pas que ces lieux tout-en-un sont géniaux?

Em Barcelona, fizemos várias excursões para a praia e a montanha de Montserrat, muito perto da cidade, e para as excursões minha filha teve a grande idéia de fazer sanduíches...
A Barcelone, nous avons fait plusieurs excursions vers les plages et la montagne de Montserrat, très proche de la ville, et pour les excursions, ma fille a eu l'excellente idée de préparer des sandwichs...

Claro, em Barcelona há supermercados, como no resto da Espanha, mas nós adoramos descobrir as lojas específicas para os diferentes alimentos.
Bien sûr, il y a à Barcelone des supermarchés comme dans le reste de l'Espagne, mais nous aimions découvrir des épiceries pour les aliments.

Por exemplo, se você quiser comprar carne na sua viagem à Espanha, procure por uma "carniceria", esta é uma loja de carne.
Par exemple, si vous voulez acheter de la viande en voyageant en Espagne, cherchez une "carnicería", il s'agit d'une boucherie.

Além disso, há as "charcuterías", que é o lugar onde as salsichas são vendidas.
De plus, il y a des "charcuterías", où les saucisses sont vendues.

A fruta, como também as verduras você vai encontrá-las na "frutería", em outras palavras, a loja de fruta.
Les fruits, mais aussi les légumes, peuvent être

58

achetés dans une "frutería", en d'autres termes, dans un magasin de fruits.

E assim há "panaderías" para o pão, "pescaderías" para peixe...
Il y a aussi des "panaderías" pour le pain, des "pescaderías" pour les poissons...

É claro que nos Estados Unidos, também existe este tipo de lojas.
Bien sûr, aux Etats-Unis il y a aussi ce genre de magasins.

A diferença com a Espanha eram esses nomes engraçados, e que geralmente essas lojas eram agrupadas no "mercado" ou nas áreas ao seu redor.
La différence avec l'Espagne se situe dans les drôles de noms et dans la situation des ces magasins qui sont souvent groupés au "mercado" (marché) ou dans ses environs.

E é muito divertido ir ao mercado no período da manhã, quando vão todas as donas de casa espanholas e desfrutar dos seus conselhos ou recomendações...
C'est très drôle d'aller au mercado le matin, quand toutes les ménagères espagnoles y vont, et de bénéficier de conseils ou de recommandations...

Elas são muito simpáticas!
Elles sont très gentilles!

Depois de Barcelona decidimos ir visitar a zona norte da Espanha.
Après Barcelone, nous avons décidé de visiter le nord de l'Espagne.

Passamos um par de dias em Santiago de Compostela, o lugar onde termina o Caminho de São Tiago.
Nous avons passé deux jours à Saint-Jacques-de-Compostelle, le lieu où se trouve le tombeau de Saint Jacques.

Uma cidade muito espiritual.
Un lieu très spirituel.

Algo muito curioso na Espanha, é que existem muitos tipos de igrejas com todos os tipos de nomes: catedral, basílica, ermida...
Il est très curieux qu'en Espagne, il y ait autant de types d'église avec plein de noms différents: cathédrale, basilique, ermitage...

Isso é por causa da longa história de tradição Cristã que teve o país.
Cela s'explique par la longue histoire chrétienne et la tradition que ce pays a acquises.

E desde aí, fomos para um povoado em Astúrias muito perto.
Et de là, nous sommes allés dans un proche petit village des Asturies.

Tudo era muito verde, muito vivo, cheio de bosques e vacas, que produzem alguns dos melhores leite da Europa.
Tout était très verdoyant, vivant, plein de forêts et de vaches qui produisent l'un des meilleurs laits d'Europe.

Em Astúrias, descobrimos um outro local muito curioso, a sidrería.
Dans les Asturies, nous avons découvert une autre curiosité, la "sidrería".

A sidrería é um bar onde praticamente só existe sidra, uma bebida alcoólica feita de... maçãs!
La sidrería est un bar dans lequel on sert uniquement du sidra (cidre), une boisson alcoolisée faite à partir de... pommes!

É doce e muito fresca, mas você tem que beber com cuidado, porque tem álcool.
C'est doux et très rafraîchissant, mais vous devez boire avec précaution, car la boisson contient de l'alcool.

Nas sidrerías há algumas tapas e algo para comer, mas com muita pouca variedade, ali o principal é a sidra.
Dans les sidrerías, il y a quelques tapas et quelque chose à manger, mais très peu varié, la chose principale est le sidra.

Desde Oviedo, a principal cidade de Astúrias, partimos de avião para o sul do país, porque não queríamos perder duas jóias históricas e culturais da Espanha: Sevilha e Granada.
Depuis Oviedo, la principale ville des Asturies, nous avons pris l'avion vers le sud du pays, car nous ne voulions pas louper deux joyaux historiques et culturels de l'Espagne: Séville et Grenade.

Nessas duas cidades andaluzas não só descobrimos os edifícios e locais mais impressionantes, mas também algumas lojas e lugares realmente curiosos.

Dans ces deux villes andalouses, nous n'avons pas seulement découvert les lieux et les bâtiments les plus impressionnants, mais également quelques magasins et des endroits vraiment curieux.

Por exemplo, em Sevilha, havia algumas dezenas de lojas somente de roupa de flamenco, vestidos, sapatos, "peinetas", "mantones", chapéus para os homens, jaquetas...

Par exemple, à Séville, il y a quelques dizaines de magasins qui vendent uniquement des produits de flamenco, avec des robes, des chaussures, des "peinetas", des "mantones", des chapeaux pour homme, des vestes...

Para resumir, tudo o que vemos em bailarinos e bailarinas de flamenco, mas também é uma roupa que se utiliza nas "ferias", uma grande festa anual que se celebra em muitas cidades andaluzas.

En bref, tout ce que l'on voit sur les danseurs de flamenco, mais il y a également des vêtements utilisés lors des "ferias", une grande fête annuelle qui est célébrée dans beaucoup de villes andalouses.

Nossa experiência na Espanha decobrindo lugares maravilhosos foi ótima, mas descobrir estes locais onde eles vendem apenas um tipo de produto ou material, e seus nomes, foi muito divertido!

Notre visite de magnifiques lieux était une belle expérience, mais découvrir ces endroits où l'on vend uniquement un type de produit ou une chose, et leurs noms, était vraiment drôle.

Aprendemos muito espanhol durante o nosso mês na

Espanha, graças a essas descobertas, e eu espero que vocês também tenham aprendido muito com a nossa história.

Nous avons bien appris l'espagnol durant notre mois en Espagne grâce à ces découvertes, et j'espère que vous aussi avez appris au travers de notre histoire.

PORTUGAIS

Uma aventura na Tomatina

Me chamo Sean e tenho 21 anos. Sou de Nova York, mas moro em Barcelona, Espanha, há seis meses. Estou estudando Literatura Castelhana e tenho muita sorte de poder aproveitar desta experiência na Espanha. Mas, as vezes... acontecem coisas loucas e engraçadas, como essa que eu vou explicar para vocês hoje.

Cheguei na Espanha em março, e fui morar com alguns rapazes e moças bastante simpáticos, compartilhando com eles um belo apartamento no centro da cidade. É um prazer poder morar no centro de uma cidade tão bonita. Tudo está muito perto, inclusive a Universidade. Na casa moramos quatro companheiros de quarto. A Sara é de Sevilla e tem vinte e seis anos, e estuda arquitetura. O José é de Barcelona, tem vinte anos, estuda engenharia e é um apaixonado pelo futebol. Por último está a Andrea, uma moça do Sul da França. Os seus pais são espanhóis, ela estuda publicidade e também é bailarina de flamenco. Vocês não acham que eles são incríveis? Nós nos damos muito bem e a convivência com eles é muito fácil.

Conhecem Barcelona? É uma das maiores cidades da Espanha e está localizada no Nordeste do país. É uma cidade junto ao mar,portanto tem o melhor de uma cidade grande (discotecas, grandes universidades, lojas para fazer compras, restaurantes, museus), mas também tem o melhor de estar perto da praia na Espanha (bom tempo, o mar, centenas de praias maravilhosas...). Além disso, Barcelona está cercada por montanhas por todos os lados e está muito perto dos Pirineus, as montanhas mais altas da Espanha, onde se pode esquiar durante todo o inverno e parte da primavera. É um lugar para ficar, vocês não acham?

A primavera passou rapidamente em Barcelona. Eu estava muito ocupado estudando e pelas tardes eu jogava futebol com o José e a sua equipe. Na Espanha, o curso termina no mês de junho. Aprovei em todas as matérias com notas muito boas. Agora, eu tinha o verão inteiro pela frente, cheio de planos, ao lado da praia, e com muitos amigos para me divertir. Além disso, na Espanha, durante o verão, em todos os povoado têm festas tradicionais e populares das quais sempre ouvi falar, mas muitas delas eram muito estranhas para mim e eu não entendia muito bem.

Meu amigo José me chamou um dia em julho e me convidou para ir a uma festa em um povoado em Valência que ia ser celebrada em Agosto. Ele disse que certamente, era a maior festa que eu podia haver estado na minha vida e que eu não podia perdê-la. Eu lhe perguntei: Por que essa festa é tão espetacular? E ele... não me disse uma palavra! Disse que queria que fosse uma surpresa para mim, e que somente ia dizer o nome da festa. A festa se chamava... a tomatina. É claro que, hoje em dia existem muitos sites e lugares onde eu poderia procurar por informações sobre a misteriosa "tomatina", mas meu amigo me fez prometer que eu não iria procurar nada.

José comprou dois billetes de ônibus e trouxe-os para casa. Assim, eu fiquei sabendo que o povoado aonde estávamos indo para ir à festa chamava-se "Buñol". Finalmente eu sabia algo mais sobre a festa de verão misteriosa à qual eu estava indo!
Finally I knew something more about the mysterious summer party to which I was going to go! Buñol era, no entanto, um pequeno povoado no meio da província de Valência. Que tipo de "grande" festa poderia ter lugar em um lugar tão pequeno? O mistério continuava. Uma semana antes da festa, a minha companheira de quarto, Sara, me explicou o que significava "tomatina". "Tomatina" era algo assim como tomate pequeno. Sobre o que era a festa então? Uma festa em que estão procurando pelo tomate mais pequeño do mundo? Que confusão! Como vocês podem imaginar, naquele momento eu estava ansioso pela festa, mas ao mesmo tempo eu pensei... aonde diabos eu estou indo?

No dia da "Tomatina", acordamos muito cedo... às 3 horas da manhã! Tomamos o café da manhã rapidamente e corremos para a estação de ônibus. Havia um monte de jovens estudantes como nós, centenas e centenas, esperando pelos ônibus para Buñol. Sentamo-nos esperando pelo nosso ônibus e eu pude falar com uma moça da França. Se chamava Anne e contou-me que a Tomatina foi a melhor festa que ela já tinha ido na sua vida. E que este era o terceiro ano consecutivo em que ela viajava a Buñol para estar ali para a Tomatina!

Eu estive conversando com Anne durante algum tempo. Ela não falava espanhol e o seu Inglés era muito estranho - ela tinha um sotaque francês engraçado quando falava em Inglés - mas era muito simpática. E ela era uma belíssima loira, com a pele muito clara e os olhos verdes. No entanto, tivemos que parar de falar, porque o seu ônibus era o número quinze e meu era o número oito. Que pena! Vocês não acham?

O ônibus já era uma grande festa. Estava cheio de jovens que queriam se divertir. Todo mundo estava cantando canções (em espanhol, eu não entendia muito, eram muito difíceis) e bebendo sangria para evitar o calor que fazia naquele dia. Mas a viagem... era tão longa! Necessitamos mais de cinco horas para chegar à famosa Tomatina! Por fim, chegamos a Buñol. Havia milhares de pessoas! Todo mundo estava muito feliz e muitos deles usavam óculos de mergulho, roupas de banho, shorts, sandálias, toucas impermeáveis... E para que eram todas estas coisas? Pouco a pouco, nós caminhamos até chegarmos ao centro do povoado, ele estava cheio de pessoas. De repente, começou a tocar uma música, e as pessoas dançavam por toda parte. Isso era a Tomatina? Não parecia tão espetacular para mim... Eu percebi que a música vinha de enormes caminhões. Nesses enormes caminhões haviam pessoas, que atiravam algo para aqueles que estavam na rua. O que era? Era algo vermelho e redondo... parecia como... eram tomates! Nesse momento, comecei a rir muito. Meu amigo José me disse, o que você acha? Eu não podia estar mais contente!

Aquilo era uma loucura, imaginem isso: Milhares de pessoas rindo, pulando, dançando e jogando tomates um no outro! Pouco a pouco, tudo ficou vermelho e todo mundo estava se divertindo muito. A Tomatina começou cedo e durou toda a manhã! No final, eu estava cheio de tomates de cima abaixo, estava vermelho como seu eu fosse um tomate. Mesmo que vocês não acreditem nisso, é absolutamente verdade.

Vocês sabem o que era o melhor de tudo? Quando tudo termina, as pessoas continuam nas ruas, a música não para e a festa continua. Por isso, ficamos lá o dia inteiro, comemos um prato típico de Valência, a paella, e bebemos uma bebida típica, a sangria. Logo depois do almoço decidimos ir dar um passeio pelo povoado. Quando chegamos à praça principal chegou a última surpresa do dia... Anne estava lá! Nos aproximamos e ela nos apresentou à suas amigas. Nesse momento, o baile da festa começou, e todos dançamos juntos e continuamos conversando.

Nós nos divertimos muito, e creio que aquele foi o início de uma grande amizade... Agora Anne e eu vamos a todas as festas e creio que muito em breve vou pedir a ela para irmos juntos ao cinema. Se tudo sair bem, a Tomatina a partir de agora será algo mais do que uma grande festa, será um lugar onde você também pode encontrar o amor. Quem sabe?

A Aventura de Ir ao Cinema em Outros Lugares à volta do Mundo

Já alguma vez esteve no cinema num local longe de casa? Não, outra cidade não é suficientemente longe. Quero dizer longe, longe, longe de casa: muitos milhares de quilómetros de distância. Ir ao cinema em outro país é uma experiência única. Especialmente para os fãs de celuloide, como eu...

Oh, peço perdão! Ainda não me apresentei: O meu nome é Antonio e tenho trinta anos. Sou crítico profissional de cinema e escrevo para jornais, revistas e, de vez em quando, para um blog. O cinema é a minha paixão desde que eu tinha quinze anos e vi uma verdadeira obra-prima: "Guerra das Estrelas: Episódio IV". Vi esse filme com um dos meus primos mais velhos e, desde então, apaixonei-me pela "sétima arte".

Apesar de ser Espanhol, já não vivo em Espanha há muitos anos. A minha esposa Marisa trabalha para uma organização humanitária chamada Médicos Sem Fronteiras. Ela é médica. Graças ao trabalho dela, nós viajamos por todo o mundo. Por vezes, amamos o país onde temos que passar alguns meses ou anos. Outras vezes, são países que são, de alguma forma, perigosos, e uma pessoa mal pode sair de casa.

A Marisa ama o seu trabalho e eu amo o meu. Hoje,

graças à internet, eu consigo ver filmes onde eu estiver, onde quer que eu esteja. Então conseguimos viver e desfrutar da nossa paixão. Uma das vantagens de ter vivido em tantos países e continentes (América do Sul, África, Oceânia e Ásia) é ver filmes que são um pouco... vamos dizer... "diferentes" e que eu não poderia ter visto em Espanha. Você não conseguirá imaginar a quantidade de filmes que eles gravam todos os anos, que não são exibidos nas nossas telas. Existem milhares deles! O melhor aspeto de ter vivido em lugares exóticos é eu ter conseguido ver esses filmes. E, para além de os ter visto, eu poderia vivê-los no seu contexto. Existem lugares onde ir ao cinema é uma verdadeira aventura. Não acredita nisso? Eu tenho algumas anedotas e histórias que poderão provar isso.

Há oito anos, eu e a Marisa viajamos para o nosso primeiro destino: Índia. Lá, nós fomos levados para uma pequena cidade numa encosta, onde a organização humanitária começou a trabalhar. A tarefa da Marisa foi ajudar as mulheres da cidade a estabelecer uma melhor saúde e higiene para as mulheres e nas casas. No começo, a minha tarefa era renovar a casa pequena e húmida que eles nos atribuíram para viver. Lembro-me que, após cerca de duas semanas, recebi os filmes do Festival de Cannes, para escrever críticas sobre eles. Alguns filmes românticos, alguns filmes de ação e um documentário interessante.

Cedo toda a cidade soube que eu era um especialista em questões de cinema. Um dia, o prefeito convidou-me para o "cinema" da cidade. Esse cinema da cidade foi construído todos os meses num pequeno barracão, quando o clima o permitia. Aqueles filmes eram quase sempre exibidos ao longo de dois ou três meses mas eu tive sorte porque pude assistir a um verdadeiro Bollywood première, pela primeira vez. Nessa noite, toda a cidade estava lá para ver "o estranho que amava Bollywood". Tão embaraçoso! Aquelas pessoas nem sequer imaginavam que eu não entenderia uma única palavra daquele filme...

Quando chegou à noite, o filme começou. Primeiro, fiquei muito surpreso porque as pessoas simplesmente continuaram conversando! As pessoas comentavam o filme ao detalhe: se gostavam dos personagens, aplaudiam - senão, assobiavam para eles. Cedo percebi que aquele filme era um drama com muito amor, humor e muita música. No Ocidente, o mesmo teria sido um "Les Misérables"-estilo musical. Na India foi uma festa, não só na tela, como também na cidade.

Subitamente, virei a minha cabeça para a direita e quase caí da cadeira com medo! A trinta centímetros de mim havia uma vaca, que se deitou ali e também viu o filme. Isso era completamente intuitivo para mim mas as vacas são animais sagrados na Índia e as suas decisões e desejos são respeitados, mesmo se elas quiserem ir ao cinema.

Alguns anos mais tarde, a Marisa teve um novo destino. Dessa vez, nós tínhamos que viver em Moçambique, África. Um dos colegas dela estava doente e ela teve que a substituir apenas durante alguns meses. Esse lugar ainda era mais pobre do que a cidade da Índia. Não obstante, as pessoas eram felizes, simpáticas, entusiastas e aficionadas. O cinema lá era uma verdadeira luxúria, tal como o era uma ligação à internet, e então eu li livros sobre cinema ao longo daqueles meses. Aprendi muitas coisas novas.

Após três meses ali, uma espécie de circo itinerante veio para a cidade, para comemorar uma festa local. Adivinhou? Eles tinham um cinema. Bem, para ser sincero, um projetor e uma tela (que já tinham visto melhores dias). Contudo, tudo funcionava perfeitamente quando a noite chegou!

Dessa vez, era um filme de ação de Hollywood que o resto do mundo tinha visto há dois ou três anos. Nessa ocasião, as estrelas foram o nosso guia, já que o cinema foi construído ao ar livre, fora da cidade. As estrelas e muitas outras coisas, porque existiam todos os barulhos possíveis de animais, insetos... a natureza acompanhava a projeção, para dizê-lo em geral. Subitamente, mesmo a meio do filme, nós vimos alguns movimentos no escuro. E, ao mesmo tempo, ouvimos um barulho, como altos rufares de tambores... Tambores? Não, em absoluto!

Um grande elefante, gigantesco e selvagem, apareceu ali para dizer boa noite... E que medo! Dessa vez, eu não fui o único a ficar com medo: toda a audiência fugiu rapidamente para casa. Logo após eu ter sabido que os elefantes têm fases de grande atividade noturna, ao longo das quais eles viajam para buscar comida e água. Desde então, eu nunca mais voltei a um cinema "selvagem".

Como você vê, ir ao cinema noutros países poderá ser uma verdadeira aventura. Em outros lugares, tal como em algumas partes da China, os filmes são acompanhados por insetos fritos ao invés de pipocas. Em Espanha, a maioria dos filmes são dublados e, como tal, uma pessoa só muito raramente consegue ouvir as verdadeiras vozes dos atores. Você poderá viver essas e muitas mais anedotas, se for ao cinema por todo o mundo!

A aventura de comer na Espanha

Vocês já estiveram na Espanha? É um país maravilhoso. Meu nome é Sarah Jones e tenho trinta e três anos. Eu moro em Londres há dois anos, mas tive a sorte de estudar durante alguns anos na Espanha. Trabalho para um grande banco no Reino Unido e estudei Economia na Universidade.

Eu sou casada, mas ainda não tenho filhos. Meu marido se chama Marcos Sánchez, e o conheci, como você pode imaginar pelo seu nome, na Espanha. Eu tinha vinte anos antes da chegada do verão e antes de começar o meu primeiro curso de estudos de Economia na Espanha. Então eu decidi ir com a minha melhor amiga, Anne, para desfrutar do nosso último verão juntas no meu novo país. Minha melhor amiga Anne naquele ano estava indo estudar na Austrália, assim que íamos estar cada uma em cada lado do mundo. Anne estudava medicina. Agora ela é uma excelente médica trabalhando nos EUA.

Durante o verão na Espanha, faz muito calor em quase toda parte, de modo que você pode aproveitar e ir para a praia, para a piscina, sair à noite, dançar nas discos... Em outras palavras: era um destino ideal e um lugar ideal para a viagem de duas melhores amigas. Além disso, os hotéis, pousadas e apartamentos na Espanha eram muito barato, e trabalhamos durante o curso economizando para passar as férias juntas. Nós planejamos três meses percorrendo a Espanha, suas costas, suas montanhas, suas maiores cidades, seus mais ínfimos povoados, festas... nós não queríamos perder nada!

Assim que chegamos, começamos a explorar, se divertir e aproveitar. Aterrissamos em Madrid, a capital espanhola, onde ficamos em uma pequena pousada no centro, justo ao lado do Museu do Prado! Se você gosta de arte e vai para a Espanha, você não pode perder o Museu do Prado! Com todas as suas pinturas de Velázquez, El Greco... é impressionante! Depois do nosso primeiro passeio por um museu tão grande e pelas ruas do centro de Madrid, estávamos realmente famintas. Era hora de provar, pela primeira vez o que sempre escutávamos, de como era deliciosa a comida da Espanha.

Por onde começar? O que seriam as tapas em realidade? E a paella? Todas as comidas eram muito estranhas para nós, não sabíamos o que significava nenhuma delas, mas os menus pareciam muito saborosos, e as fotos das comidas pareciam realmente excitantes. Entramos em um restaurante que estava muito animado. Havia muitos jovens bebendo e comendo "tapas", nós gostamos desse ambiente muito descontraído. Havia gente espanhola, mas também turistas de todo o mundo. Anne e eu nos sentamos e decidimos pedir, em primeiro, um par de jarras de "sangria" uma bebida que as pessoas haviam recomendado para nós. Estávamos com muita sede porque fazia muito calor. A sangria é uma bebida deliciosa, é feita com vinho, limão, frutas frescas, canela... Em cada casa e em cada bar, os ingredientes e as quantidades cambiam. Creio que durante esse verão poderíamos ter provado umas três centenas de maneiras

76

diferentes de fazer sangria... e todas elas estavam muito boas! Então, eu recomendo que se você vai para a Espanha, que você prove-a. Mas, a sangria tem álcool, assim que seja cuidadoso com ela. A coisa boa é que existem muitos lugares onde estão fazendo sem álcool, e está ainda melhor!

E então, chegaram as nossas primeiras tapas. Primeiro chegou algo chamado croquetas! Eu não sei muito bem como explicar o que são. É um prato quente, frito, e é preenchida com um delicioso creme com jamón, queijo, carne... também há milhares de opções! Depois, chegaram as azeitonas. As azeitonas são de onde vem o azeite de oliva, mas em Espanha se comem também cruas, com azeite, vinagre, alho, especiarias... também, como podemos ver mais tarde, há milhares de tipos e formas de fazê-las. Nó gostamos muito das nossas primeras tapas. Mas nossa viagem continuou e seguimos provando pratos da comida espanhola. Um dos mais surpreendente para nós foi a famosíssima paella. Vocês sabem o que é uma paella?

Chegamos a Valência, onde nos alojamos em um camping próximo à praia. Alugamos um carro para as nossas férias na praia, e chegamos à praia depois de algumas horas de viagem, com muita fome. Ali havia um "chiringuito", que é um bar justo na areia, muito popular na Espanha. E a especialidade do chiringuito era a paella. Assim que Anne e eu não esperamos mais e pedimos uma paella para dois. A paella é um prato de arroz cozido de cor amarela e que e se come quente. O arroz está muito bom e geralmente vem acompanhado com todo tipo de coisas. Por exemplo, verduras ou frango, mas também com mariscos. Alguns eu não tinha comido nunca, como o carangueijo. Pode ser que você goste ou não da paella, mas se você vai para a Espanha deveria prová-la.

Como descobrimos pouco a pouco, as vezes comer na España era uma aventura. Por exemplo, um dia, no norte da Espanha, pedimos uma tapa de uma coisa chamada "callos"... Eu não sei como explicar o que é, mas é um tipo de carne de porco que eu não gostei nada, porque era um pouco... viscosa. Outro dia, na cidade de Burgos, que tem uma catedral maravilhosa, comemos a morcilla, que é uma espécie de chouriço preto, que é feita de sangue de porco. Como você vê, na Espanha se comem coisas muito diferentes... e muito estranhas para alguém de fora! Algo de porco que nós adoramos foi o jamón serrano. Na Espanha, comem muita carne de porco, mas esta em particular, eu realmente recomendo, porque é tão saborosa!

A coisa mais engraçada que aconteceu conosco foi em um povoado onde nos serviram uma tapa de... caracóis! Sim, verdade, caracóis... nós não tínhamos nem idéia de como comê-los! Anne, que é muito mais corajosa do que eu, provou... mas sem bons resultados. Isso era demais para nossas rotinas alimentárias, por isso, não comemos os caracóis.

A Espanha é um país cheio de comidas deliciosas, esquisitas... mas acima de tudo, são muito divertidas se você descobre elas com os seus amigos ou a sua família nas suas próximas férias. Eu tenho certeza que depois de provar este e outros pratos, você vai ter mil histórias para contar quando voltar!

Apaixonando-se em Veneza

1) Maria e Sandro, o fim de um amor

Depois de levar um tempo sem encontros, após o rompimento com Sandro, eu comecei a aproveitar a vida novamente, e estou ainda mais inspirada do que antes! Depois de dois anos de noivado, quando ainda estávamos falando de se casar, o nosso amor se deteriorou. Talvez vocês gostariam de saber o motivo. Contarei a vocês diretamente!

2) Por que nós terminamos

Seus pais eram os nossos hóspedes na casa que possuo em Veneza, na lagoa, onde escolhemos viver depois do casamento. Eles haviam estado comigo . por três dias e passaram o Natal conosco. Eles saíram em 2 de janeiro (graças a Deus!) E voltaram para a sua cidade natal, Verona. Tudo começou com a discussão iniciada pela sua mãe, Paola, que insistia em ter o casamento celebrado na sua cidade, onde Sandro nasceu. O seu pai não participou da discussão, em vez disso, ele preferia tentar chamar minha atenção para me fazer entender que ele não compartilhava as vontades da sua esposa, como ele confirmou-me pouco depois.

Eu manterei esse entre as minhas mais belas

memórias, porque eu entendi que ele foi sincero e que, naquele momento, talvez ele também teria aberto a janela e deixado a sua esposa tomar um bom banho na água gelada da lagoa. Na verdade, a discussão interrompeu o idílio de amor entre mim e Sandro, que não me defendeu (talvez devido ao excesso de amor por sua mãe) e até mesmo me repreendeu por levantar a voz para a sua querida mãe.

No dia seguinte, quando ele acompanhou os seus pais até Verona, eu já havia entendido que o nosso sonho de amor tinha desaparecido. Eu não estava errada.

Talvez impulsionado pela sua mãe, ele não me ligou por três dias e eu nem sequer pensava em fazê-lo. Após uma semana, ele telefonou para me dizer que talvez fosse melhor colocar todos os nossos projetos de lado, para o bem de todos. Meu mundo desmoronou e eu, entre raiva e decepção, retirei-me na minha solidão, jurando a mim mesma que nunca iria comprometer-me novamente! O amor entre nós estava acabado... para sempre!

3) Um novo encontro

Marco estava caminhando ao lado de Claudia (sua irmã) e o seu noivo (meu irmão). Estávamos indo para a Ponte de Rialto, a fim de comemorar a graduação de Claudia (em Direito), e ele nos levou para almoçar em um restaurante onde um amigo dele trabalha. Quando chegamos, ele imediatamente se sentou ao meu lado e na frente dos dois noivos. Na mesa, ele colocou as rosas em uma carta de felicitações para a sua irmã e disse imediatamente: "E esta é para você". Depois do almoço, sentamos em algumas pequenas mesas perto do canto para tomar um café.

Enquanto isso, o foco geral de atenção tinha passado exclusivamente para mim, falando (meu irmão em primeiro lugar) sobre o fracasso do meu relacionamento com Sandro e minha raiva em relação a todos os homens. Sentindo-me questionada, tomei a oportunidade de expressar minha raiva, mas sem exagerar - também para não constranger ao Marco, que estava me cortejando, e eu entendi que foi desde o início. E para dizer a verdade, isso realmente me encantou.

4) Um rapaz bom e sincero

Enquanto isso, a noite chegou e as primeiras luzes eram visíveis na lagoa, iluminando o trecho de água único no mundo, o que só a bela Veneza pode oferecer. Estar presente nesta vista é um sentimento extremamente comovente, não só para os turistas, mas também para todos os venezianos que vivem a cidade todos os dias.

Foi triste para mim, pensando no amor que eu não sentia mais e que eu pensei que tinha perdido para sempre. Neste ponto, confusa, mas feliz, eu voltei para casa. No dia seguinte eu ouvi alguém tocar a campainha, eu pensei que era o meu vizinho ou o carteiro, e o que eu encontrei em vez disso? Marco!

Ele tinha um ramo de rosas só para mim (azuis desta vez) e ele estava vestido ainda mais elegante do que no dia anterior e tinha um penteado diferente (em linha reta com gel de cabelo), um muito refinado. Este gesto me emocionou muito, e eu não hesitei em beijá-lo sinceramente na bochecha.

5) Aquela noite no Lido

Uma nova amizade nasceu com Marco, e uma noite isso nos levou (auxiliado por meu irmão, o pequeno malandro, e a sua super divertida Claudia) em direção ao Lido de Veneza, um lugar diferente da lagoa, embora geograficamente parte dela. Esta é a Veneza não-turística, que quer dizer aquela em que a maioria dos venezianos vivem, com restaurantes, discotecas, bares, praia (no verão), lojas de moda de marcas importantes.

Naquela noite, também, o seu charme e sutileza não foram negados: ele apareceu com uma gravata azul escura e jaqueta e com duas rosas vermelhas, uma para mim e outra para Claudia... Nós iríamos jantar em um momento. Na realidade, algo já estava me movendo, e eu estava atraída por ele, mas eu não conseguia encontrar as palavras para expressar minha alegria, mesmo que os meus olhos me traíssem e ele percebeu.

De fato, enquanto os dois pombinhos ainda estavam sentados à mesa, ele me convidou para o terraço do restaurante com uma desculpa; como nós estávamos assistindo ao pôr do sol, ele se virou para mim, sorriu e, em seguida, abaixou-se e beijou-me intensamente.

A partir desse dia, Marco tornou-se o meu grande amor.

6) Um dia mágico

Esse foi o dia mais feliz da minha vida! No verão, nós escolhemos o Lido de Veneza para as nossas férias, porque representa um lugar especial para nós, onde floresceu a nossa paixão e onde celebramos, onde eu chorei (desta vez por amor e felicidade, em vez da decepção), onde ele jantou e bebeu champanhe na praia, depois que... até hoje (nós vamos casar no próximo ano) tudo foi absolutamente mágico!

As lojas curiosas da Espanha

Me chamo Martha e tenho quarenta e dois anos. Meu marido Stephen e eu moramos em uma pequena vila no meio oeste dos EUA. Estamos casados há vinte anos e temos dois filhos. Nossa filha, Sarah, tem 14 anos e o nosso filho, John, tem nove anos.

A nossa família tem sido abençoado com amor, felicidade e ótimos momentos, especialmente durante nossas viagens. As crianças ainda vão para a escola, e eu trabalho a tempo parcial em um escritório de advocacia. Meu marido tem o seu próprio negócio de compra e venda de carros, e tem várias lojas em vários municípios.

Desde que Sarah e John eram muito pequenos, Stephen e eu acostumamos eles a viajar. As viagens sempre foram a nossa paixão! Antes de ter filhos, viajamos para o Vietnã, África do Sul, China... Os países mais exóticos eram os nossos favoritos. Mas quando tivemos filhos, viajar tornou-se um pouco mais complicado, e nós começamos a escolher destinos mais próximos: Canadá, México e, é claro, Europa. É muito difícil escolher qual país visitar na Europa: todos eles têm um monte de locais atraentes!

Nós viajamos para a França e Reino Unido, algumas vezes, mas Stephen estava desejando viajar para a Espanha e percorrer este país, que para os americanos é um pouco místico, misterioso e com muitos costumes estranhos, como o flamenco ou as touradas. Então, há dois anos nós planejamos e decidimos uma grande viagem em família para a Espanha, com as crianças, é claro, que nos deram um monte de idéias, sobre o que eles adorariam visitar lá. Nós estivemos planejando a viagem durante quase seis meses, comprando os bilhetes de avião, bilhetes de trem, bilhetes para os monumentos de diferentes cidades... Queríamos ter tudo muito bem planejado e que nada saísse errado!

Nos primeiros dias de agosto voamos para Madrid, e depois de mais de doze horas entre diferentes vôos, finalmente, estávamos na Espanha! Nós tínhamos um mês inteiro pela frente para descobrir aquele país fascinante com milênios de história. A primeira coisa que nós notamos era que tínhamos preparado tudo muito bem, mas, sem pensar que ia fazer tanto calor em Madrid durante aqueles dias. Portanto, a primeira coisa que fizemos foi ir às compras por um protetor solar.

E foi ali onde a nossa aventura começou com as compras na Espanha. Espanha e os Estados Unidos são muito diferentes em relação às compras. Em nosso país, você pode ir a uma farmácia e comprar tudo, desde medicamentos até shampoo. Mas, na Espanha não é assim.

E, nas farmácias... em geral... eles só vendem medicamentos! Por isso, demoramos quase uma manhã inteira entrando em uma, duas, três, infinitas farmácias, até que percebemos e finalmente, uma moça explicou-nos que tínhamos que ir à uma "drogueria" para comprar isso. Mais tarde, com o dicionário, vimos que "drogueria" significava "drug store". Finalmente encontramos uma e compramos nosso protetor solar.

Depois de alguns dias em Madrid, onde visitamos o maravilhoso Museu do Prado, porque eu adoro a arte, mas também o Estádio Santiago Bernabeu (porque o meu filho é um grande fã do futebol), fomos para Barcelona. É a segunda maior cidade da Espanha e está no Mediterrâneo, é uma bela cidade! Uma das coisas que eu mais gostei era um tipo muito especial de bar que só existe na Espanha (ou eu creio): o chiringuito. O que é o chiringuito? É um bar que está justo na praia, na areia, onde você pode tomar desde um café até um coquetel pela tarde, mas também uma maravilhosa paella ou uma cerveja. Vocês não acham que esses locais com tudo em um são geniais?

Em Barcelona, fizemos várias excursões para a praia e a montanha de Montserrat, muito perto da cidade, e para as excursões minha filha teve a grande idéia de fazer sanduíches... Claro, em Barcelona há supermercados, como no resto da Espanha, mas nós adoramos descobrir as lojas específicas para os diferentes alimentos. Por exemplo, se você quiser comprar carne na sua viagem à Espanha, procure por uma "carniceria", esta é uma loja de carne. Além disso, há as "charcuterías", que é o lugar onde as salsichas são vendidas. A fruta, como também as verduras você vai encontrá-las na "frutería", em outras palavras, a loja de fruta. E assim há "panaderías" para o pão, "pescaderías" para peixe... É claro que nos Estados Unidos, também existe este tipo de lojas.

A diferença com a Espanha eram esses nomes engraçados, e que geralmente essas lojas eram agrupadas no "mercado" ou nas áreas ao seu redor. E é muito divertido ir ao mercado no período da manhã, quando vão todas as donas de casa espanholas e desfrutar dos seus conselhos ou recomendações... Elas são muito simpáticas! Depois de Barcelona decidimos ir visitar a zona norte da Espanha. Passamos um par de dias em Santiago de Compostela, o lugar onde termina o Caminho de São Tiago. Uma cidade muito espiritual.

Algo muito curioso na Espanha, é que existem muitos tipos de igrejas com todos os tipos de nomes: catedral, basílica, ermida... Isso é por causa da longa história de tradição Cristã que teve o país. E desde aí, fomos para um povoado em Astúrias muito perto. Tudo era muito verde, muito vivo, cheio de bosques e vacas, que produzem alguns dos melhores leite da Europa.

Em Astúrias, descobrimos um outro local muito curioso, a sidrería. A sidrería é um bar onde praticamente só existe sidra, uma bebida alcoólica feita de... maçãs! É doce e muito fresca, mas você tem que beber com cuidado, porque tem álcool. Nas sidrerías há algumas tapas e algo para comer, mas com muita pouca variedade, ali o principal é a sidra.

Desde Oviedo, a principal cidade de Astúrias, partimos de avião para o sul do país, porque não queríamos perder duas jóias históricas e culturais da Espanha: Sevilha e Granada. Nessas duas cidades andaluzas não só descobrimos os edifícios e locais mais impressionantes, mas também algumas lojas e lugares realmente curiosos. Por exemplo, em

Sevilha, havia algumas dezenas de lojas somente de roupa de flamenco, vestidos, sapatos, "peinetas", "mantones", chapéus para os homens, jaquetas...

Para resumir, tudo o que vemos em bailarinos e bailarinas de flamenco, mas também é uma roupa que se utiliza nas "ferias", uma grande festa anual que se celebra em muitas cidades andaluzas.

Nossa experiência na Espanha decobrindo lugares maravilhosos foi ótima, mas descobrir estes locais onde eles vendem apenas um tipo de produto ou material, e seus nomes, foi muito divertido! Aprendemos muito espanhol durante o nosso mês na Espanha, graças a essas descobertas, e eu espero que vocês também tenham aprendido muito com a nossa história.

Livres recommandés

Apprendre le portugais - Version Bilingue
(Français - Portugais) L'histoire de Cléopâtre,
Bilinguals

Apprendre le portugais Édition bilingue
Les Aventures de Jules César (Français - Portugais),
Bilinguals

Version Bilingue (Français - Portugais)
La nuit étoilée, Bilinguals

Les livres inclus dans cette série sont les suivants

Apprendre le portugais - Texte parallèle
Collection drôle histoire

Apprendre le portugais II - Texte parallèle
Histoires courtes (niveau intermédiaire)

Apprendre le portugais III - Textes Parallèles
(Français - Portugais) Histoires courtes

Portugais des affaires - Textes Parallèles
Histoires courtes

Printed in Great Britain
by Amazon